清史稿

趙爾巽等撰

第二四册

卷一九七至卷一九九（表）

中華書局

清史稿卷一百九十七

表三十七

疆臣年表一 各省總督 河督漕督附

一國治亂，君相尸之。一方治亂，岳伯尸之。清制：疆帥之重，幾埒宰輔。選材特慎，部院莫儗，蓋以此也。開國而後，戡藩拓邊，率資其用。同治中興，光緒還都，皆非疆帥無與成功。宣統改元，始削其權，則不國矣。唐之方鎮，元之行省，史不表人，識者病之。今表疆臣，先列督、撫，附以河、漕。東三省外、北盡蒙、疆，西極回、藏，將軍、都統，參贊、辦事大臣有專地者，皆如疆帥，今並著焉。

順治元年甲申	
天津	駱養性六月己未,總督天津
宣大山西	吳孳昌七月壬辰,總督宣、大
總河	楊方興七月甲辰,總督河道。

	順治二年乙酉	
軍務。十月甲子罷。	天津	
山西。	淮揚	王文奎五
	宣大山西	吳孳昌革。
	陝西三邊	王文奎四
	浙閩	張存仁十
	湖廣四川	羅繡錦十
	總漕	王文奎五
	總河	楊方興

月庚寅，總督淮揚。

二月己未，李鑑總督宣大。九月壬申降。十

月辛酉，總督陝西。甲戌，孟喬芳代。

一月壬子，總督浙江、福建，由浙江總督遷。

一月壬子，總督湖廣、四川。

月庚寅，兼督漕運。

順治三年丙戌		
宣大山西	馬國柱	
陝西三邊	孟喬芳	
浙閩	張存仁	月癸未，馬國柱代。
湖廣四川	羅繡錦	
總河	王文奎	
淮揚	楊方興	

順治四年丁亥十一月戊午，增四川總督。

江南江西河南	馬國柱	七月戊午，總督
宣大山西	馬國柱	七月戊午調。申
陝西三邊	孟喬芳	
浙閩	張存仁	十二月壬申病
湖廣	羅繡錦	
四川		
兩廣	佟養甲	五月癸丑，補兩
淮揚	王文奎	正月庚戌罷。乙
總河	楊方興	

江南、江西、河南。

朝紀總督宣大、山西。

兗陳錦總督浙閩。

廣總督,兼巡撫廣東。

卯,楊聲遠總督淮揚。十月庚辰罷。癸未,

	順治五年戊子	
	江南江西河南	馬國柱
	宣大山西	申朝紀三月
	陝西三邊	孟喬芳
	浙閩	陳錦
	湖廣	羅繡錦
	四川	
	兩廣	佟養甲
吳惟華代。	淮揚	吳惟華
	總河	楊方興

丙午卒。辛酉，耿焞總督宣大、山西。十二月

順治六年己丑	
直隸山東河南	
江南江西	乙未罷。丁酉,佟養量代。
宣大山西	
陝西三邊	
浙閩	
湖廣	
四川	
兩廣	
淮揚	
總河	

張存仁	八月辛亥，總督直隸、山東、河
馬國柱	
佟養量	
孟喬芳	
陳錦	
羅繡錦	
佟養甲	
吳惟華	
楊方興	

南，巡撫保定。

	順治七年庚寅
直隸山東河南	張存仁
江南江西	馬國柱
宣大山西	佟養量
陝西三邊	孟喬芳
浙閩	陳錦
湖廣	羅繡錦
四川	
兩廣	佟養甲
淮揚	吳惟華
總河	楊方興

順治八年辛卯		
直隸山東河南	張存仁	十月庚申，馬
江南江西	馬國柱	
宣大山西	佟養量	九月己丑免。十
陝西三邊	孟喬芳	
浙閩	陳錦	
湖廣	羅繡錦	
四川		
兩廣	佟養甲	殉難。
總漕	吳惟華	三月庚子罷。四
總河	楊方興	

順治九年壬辰	
直隸山東河南	光輝總督直隸、山東、河南。
江南江西	
宣大山西	月壬戌留任。
陝西三邊	
浙閩	
湖廣	
四川	
兩廣	
總漕	月辛酉，王文奎總督漕運。
總河	

馬光輝

馬國柱

佟養量

孟喬芳

陳錦七月丙子被刺。九月甲申，劉清泰

羅繡錦七月己丑卒。戊戌，祖澤遠總督

王文奎

楊方興

	順治十年癸巳		
	直隸山東河南	馬光輝	
	江南江西	馬國柱	
	宣大山西	佟養量	
	川陝三邊	孟喬芳	六月
總督浙閩。	浙閩	劉清泰	
湖廣、四川。	湖廣	祖澤遠	六月
	兩廣	李率泰	六月
	總漕	王文奎	
	總河	楊方興	
	湖廣兩廣雲貴	洪承疇	五月,

順治十一年甲午		
直隸山東河南	馬光輝	
江南江西	馬國柱	
宣大山西	佟養量	
川陝三邊	孟喬芳	乙巳,兼督四川。
浙閩	劉清泰	
湖廣	祖澤遠	乙巳,專督湖廣。
兩廣	李率泰	壬子,兩廣總督。
總漕	王文奎	
總河	楊方興	
湖廣兩廣雲貴	洪承疇	總督軍務。

二月壬午病免。庚寅，李蔭祖總督直隸、
九月丁未休。十月，馬鳴佩總督江南、江
二月庚午免。壬午，馬鳴佩總督宣大、山
正月壬辰卒。甲寅，金礪總督川陝、三邊。
七月甲辰病免。丙辰，屯泰總督浙閩。
九月辛亥降。

順治十二年乙	
直隸山東河南	山東、河南。
江南江西	西。
宣大山西	西。十月調。馬之先代。
川陝三邊	
浙閩	
湖廣	
兩廣	
總漕	
總河	
湖廣兩廣雲貴	

未
李蔭祖
馬鳴佩
馬之先
金礪
屯泰
祖澤遠
李率泰
蔡士英總督漕運。
楊方興
洪承疇

順治十三年丙申	
直隸山東河南	李蔭
江南江西	馬鳴
宣大山西	馬之
川陝	金礪
浙閩	屯泰
湖廣	祖澤
兩廣	李率
總漕	蔡士
總河	楊方
湖廣兩廣雲貴	洪承

祖	十二月乙未調。
佩	閏五月己酉病免。己未，郎廷佐總督
先	三月癸巳調。五月己亥，張懸錫總督
二	月己巳休。三月癸巳，馬之先總督川
二	月庚午召。李率泰總督浙閩。
遠	九月己巳降。十月甲午，胡全才總督
泰	二月庚午調。王國光總督兩廣。
英	
興	
疇	

江南、江西。

宣大。

陝。

湖廣。十一月丙辰卒。十二月乙未，李蔭祖

	順治十四年丁酉		
	直隸山東河南	張懸錫	正月乙卯,總
	江南江西	郎廷佐	
	宣大	張懸錫	正月乙卯調。
	川陝	馬之先	八月丁丑卒。
	浙閩	李率泰	
代。	湖廣	李蔭祖	
	兩廣	王國光	
	總漕	蔡士英	八月戊戌召。
	總河	楊方興	五月癸亥卸。
	湖廣兩廣雲貴	洪承疇	六月辛丑召。

督直隸、山東、河南。

庚申，盧崇峻總督宣大。

九月辛丑，李國英總督川陝。

九月辛丑，亢得時總督漕運，巡撫鳳陽。

七月庚申，朱之錫總督河道。

順治十五年戊戌	五月,裁直隸總督。七
直隸山東河南	張懸錫 五月丁酉降。
江南江西	郎廷佐
宣大	盧崇峻
川陝	李國英
浙閩	李率泰 七月甲子,改福
湖廣	李蔭祖
兩廣	王國光 六月丙子病免。
漕總	亢得時
河總	朱之錫

月，裁宣大總督。己未，分設福建、浙江總督。

建總督，趙國祚總督浙江。

辛巳，李棲鳳總督兩廣。

督。	順治十六年己亥		
	江南江西	郎廷佐	
	川陝	李國英	
	福建	李率泰	
	浙江	趙國祚	
	湖廣	李蔭祖	
	兩廣	李棲鳳	
	雲貴	趙廷臣	正月癸丑，總督
	總漕	亢得時	七月庚辰，溺死。
	總河	朱之錫	假。十二月丙午，

雲貴。

八月癸巳,蔡士英總督漕運,巡撫鳳陽。

楊茂勳署河道總督。

順治十七年庚子		
江南江西	郎廷佐	
川陝	李國英	
福建	李率泰	
浙江	趙國祚	
湖廣	李蔭祖	二月壬辰病免。四月
兩廣	李棲鳳	
雲貴	趙廷臣	
總漕	蔡士英	
總河	楊茂勳	六月戊子調。癸巳,白

甲午，張長庚湖督總廣。

色純署河道總督。七月己未，苗澄代署。

	順治十八年辛丑	
直隸	苗澄 十月戊	
江南	郎廷佐	
山東	趙國祚 九月	
山西	祖澤溥 九月	
河南	劉清泰 九月	
川陝	李國英 改四	
陝西	白如梅 九月	
福建	李率泰	
浙江	趙國祚 調。九	十二月，朱之錫回任。
江西	張朝璘 九月	
湖廣	張長庚	
四川	李國英 九月	
兩廣	李棲鳳 改廣	
廣東	李棲鳳 九月	
廣西	于時躍 九月	
雲貴	趙廷臣 改浙	
雲貴	卞三元 九月	
貴州	佟延年 十月	
總漕	蔡士英 病免。	
總河	朱之錫	

申，直隸總督。

丁亥，山東總督。十月乙卯調。祖澤溥代。

丁亥，山西總督。十月乙卯調。趙國祚代。

丁亥，河南總督。

川。

丁亥，陝西總督。

月丁亥，趙廷臣浙江總督。

丁亥，江西總督。

丁亥，四川總督。

東。

丁亥，廣東總督。十二月丙午免。丁巳，盧

丁亥，廣西總督。

江。

丁亥，雲貴總督。

戊申，貴州總督。尋免。十二月癸酉，楊茂

十月己酉，林起龍漕運總督。

	康熙元年壬寅		
	直隸	苗澄	
	江南	郎廷佐	
	山東	祖澤溥	
	山西	趙國祚	二月辛亥免。庚
	河南	劉清泰	
	陝西	白如梅	
	福建	李率泰	
	浙江	趙廷臣	
	江西	張朝璘	
	湖廣	張長庚	
	四川	李國英	
	廣東	盧崇峻	
	廣西	于時躍	
崇峻代。	雲南	卞三元	
	貴州	楊茂勳	
	總漕	林起龍	
	總河	朱之錫	
勳代。			

		康熙二年癸卯
	直隸	苗澄
	江南	郎廷佐
	山東	祖澤溥
申，白秉眞山西總督。	山西	白秉眞
	河南	劉清泰
	陝西	白如梅
	福建	李率泰
	浙江	趙廷臣
	江西	張朝璘
	湖廣	張長庚
	四川	李國英
	廣東	盧崇峻
	廣西	于時躍 十二
	雲南	卞三元
	貴州	楊茂勳
	總漕	林起龍
	總河	朱之錫

康熙三年		
直隸	苗澄	
江南	郎廷	
山東	祖澤	
山西	白秉	
河南	劉清	
陝西	白如	
福建	李率	
浙江	趙廷	
江西	張朝	
湖廣	張長	
四川	李國	
廣東	盧崇	
廣西	屈盡	月辛酉卒。屈盡美廣西總督。
雲南	卞三	
貴州	楊茂	
總漕	林起	
總河	朱之	

甲辰

佐

溥

眞

泰

梅

泰　六月丁酉病免。己酉，朱昌祚福建總督

臣

璘

庚

英

峻

美

元

勳

龍

錫

	康熙	四年乙巳五月丁未，裁山西、
	直隸	苗澄。六月丙辰，朱昌祚直隸
	江南	郎廷佐
	山東	祖澤溥五月己亥疾免。
	山西	白秉眞
	河南	劉清泰五月癸卯疾免。
	陝西	白如梅
督。	福建	朱昌祚遷。
	浙江	趙廷臣
	江西	張朝璘
	湖廣	張長庚
	四川	李國英
	廣東	盧崇峻憂免。二月癸未，盧興
	廣西	屈盡美
	雲南	卞三元
	貴州	楊茂勳
	總漕	林起龍
	總河	朱之錫

江西、廣西、貴州總督，設直隸山東河南
山東河南總督。

祖廣東總督。

總督。	康熙五年丙午	
直隸三省	朱昌祚	十二月庚申罷。
兩江	郎廷佐	
山陝	白如梅	十月庚戌罷。十
福建	張朝璘	正月己酉，福建
浙江	趙廷臣	
湖廣	張長庚	
四川	李國英	十一月己卯，
兩廣	盧興祖	
雲貴	卞三元	
總漕	林起龍	
總河	朱之錫	卒。三月丙申，盧

一月辛卯，盧崇峻山陝總督。
總督。
苗澄四川總督。
崇峻河道總督。十一月己亥，楊茂勳代。

康熙六年丁未		
直隸三省	白秉眞	正月己卯，直隸山東
兩江	郎廷佐	
山陝	盧崇峻	十二月乙亥憂免。
福建	張朝璘	休。三月丙申，祖澤溥
浙江	趙廷臣	
湖廣	張長庚	
四川	苗澄	十一月甲子免。
兩廣	盧興祖	十一月丙辰罷。十二
雲貴	卞三元	
總漕	林起龍	降。五月庚戌，屈盡美
總河	楊茂勳	

	康熙七年戊	
河南總督。	直隸三省	白
	兩江	郎
	山陝	莫
福建總督。	福建	祖
	浙江	趙
	湖廣	張
	四川	劉
月丁亥，周有德兩廣總督。	兩廣	周
	雲貴	卞
漕運總督。	總漕	屈
	總河	楊

申十月庚寅，裁湖廣總督。

秉真

廷佐十一月己酉休。十二月癸酉，麻勒

洛正月戊申，山陝總督。

澤溥

廷臣

長庚

兆麒正月戊申，四川總督。

有德

三元十二月丙寅告養。己卯，甘文焜雲

盡美

茂勳

	康熙八年己酉七月壬辰,	
	直隸三省	白秉眞
吉兩江總督。	兩江	麻勒吉
	山陝	莫洛 九月丙申
	福建	祖澤溥 三月
	浙江	趙廷臣 二月卒。
	四川	劉兆麒 調。
	兩廣	周有德
	雲貴	甘文焜
貴總督。	總漕	屈盡美 降。七月
	總河	楊茂勳 九月丙

康熙	裁直隸山東河南總督。
兩江	
山陝	
福建	罷。十一月己亥留任。
浙江	丙辰，劉兆麒浙江福建總督。
川湖	
兩廣	
雲貴	
總漕	丙申，帥顏保漕運總督。
總河	申休。十月乙丑，羅多河道總督。

九年庚戌三月壬午,復設四川湖廣總

麻勒吉

莫洛 十二月癸巳遷。

劉斗 四月乙巳,福建總督。

劉兆麒

蔡毓榮 四月己丑,川湖總督。

周有德 正月乙巳憂免。二月癸酉,金光

甘文焜

帥顏保

羅多

康熙十年辛亥		督、福建總督。
兩江	麻勒吉	
山陝	羅多 正月乙亥,山	
福建	劉斗	
浙江	劉兆麒	
川湖	蔡毓榮	
兩廣	金光祖	祖兩廣總督。
雲貴	甘文焜	
總漕	帥顏保	
總河	羅多 調。二月己丑,	

	康熙	十一年壬子
	兩江	麻勒吉
陝總督。	山陝	羅多三月壬申
	福建	劉斗九月乙未
	浙江	劉兆麒
	川湖	蔡毓榮
	兩廣	金光祖
	雲貴	甘文焜
	漕總	帥顏保
王光裕河道總督。	河總	王光裕

降。四月壬辰，鄂善山陝總督。尋改陝西

降。十月壬子，范承謨福建總督。

	康熙十二年癸丑		八月乙卯,設雲
	兩江	麻勒吉	五月庚寅降。六月甲
總督。	陝西	鄂善	九月辛亥調。乙酉,哈占
	福建	范承謨	
	浙江	劉兆麒	五月庚寅降。六月癸
	川湖	蔡毓榮	
	兩廣	金光祖	
	雲貴	甘文焜	十二月丁巳自剄。
	雲南	鄂善	九月辛亥,雲南總督。
	總漕	帥顏保	
	總河	王光裕	

康熙十三年甲			南總督。
兩江	阿席熙		寅，阿席熙兩江總督。
陝西	哈占		陝西總督。
福建	范承謨	三	
浙江	李之芳		卯，李之芳浙江總督。
江西	董衛國	七	
湖廣	蔡毓榮		
四川	周有德	二	
兩廣	金光祖		
雲貴	鄂善正	月	
總漕	帥顏保		
總河	王光裕		

寅二月癸卯，設四川總督。七月庚辰，設

月庚辰，耿精忠反，被幽。七月辛未，郎廷

月庚辰，江西總督。

月丁未，四川總督。

丁丑，改雲貴總督。

江西總督。	康熙十四年乙卯		康熙
	兩江	阿席熙	兩江
	陝西	哈占	陝西
佐福建總督。	福建	郎廷佐	福建
	浙江	李之芳	浙江
	江西	董衛國	江西
	湖廣	蔡毓榮	湖廣
	四川	周有德	四川
	兩廣	金光祖	兩廣
	雲貴	鄂善	雲貴
	總漕	帥顏保	總漕
	總河	王光裕	總河

十五年丙辰

阿席熙	
哈占	
郎廷佐	七月戊申,郎廷相福建總督。
李之芳	
董衛國	
蔡毓榮	
周有德	
金光祖	四月辛酉,降尚之信。
鄂善	
帥顏保	
王光裕	

康熙	十六年丁巳
兩江	阿席熙
陝西	哈占
福建	郎廷相
浙江	李之芳
江西	董衛國
湖廣	蔡毓榮
四川	周有德
兩廣	金光祖　六月丁未歸正。
雲貴	鄂善　七月丙申降調。
漕總	帥顏保
河總	王光裕　二月丙辰罷。辛未，靳輔河

	康熙十七年戊午		
	兩江	阿席熙	
	陝西	哈占	
	福建	郎廷相	五月己酉，免。癸
	浙江	李之芳	
	江西	董衛國	
	湖廣	蔡毓榮	
	四川	周有德	
	兩廣	金光祖	
	雲貴		
	總漕	帥顏保	
道總督。	總河	靳輔	

康熙十八年己	
兩江	阿席熙
陝西	哈占
福建	姚啓聖
浙江	李之芳
江西	董衞國
湖廣	蔡毓榮
四川	周有德調。
兩廣	金光祖
雲貴	周有德二
漕總	帥顏保
河總	靳輔

丑，姚啓聖福建總督。

康熙	十九	未
兩江	阿席	
陝西	哈占	
福建	姚啓	
浙江	李之	
江西	董衞	
湖廣	蔡毓	
四川	楊茂	四月丙寅，楊茂勳四川總督。
兩廣	金光	
雲貴	周有	月辛巳，雲貴總督。
總漕	帥顏	
總河	靳輔	

康熙	年庚申
兩江	熙
川陝	十一月辛酉，改川陝總督。
福建	聖
浙江	芳
江西	國
湖廣	榮
兩廣	勳十一月解任隨軍。
雲貴	祖
總漕	德卒。正月戊午，趙良棟雲貴總督。
總河	保

二十年辛酉
阿席熙降。十二月癸卯，于成龍兩江總
哈占
姚啓聖
李之芳
董衞國
蔡毓榮
金光祖罷。十二月癸卯，吳興祚兩廣總
趙良棟
帥顏保五月庚申遷。辛未，邵甘漕運總
靳輔

	康熙	二十一年壬戌正月己巳,裁
督。	兩江	于成龍
	川陝	哈占
	福建	姚啓聖
	浙江	李之芳　十一月甲寅遷。戊辰,
	江西	董衛國　調。
	湖廣	蔡毓榮　調。正月己巳,董衛國
督。	兩廣	吳興祚
	雲貴	趙良棟　召。正月丙寅,蔡毓榮
督。	總漕	邵甘
	總河	靳輔

江西總督。	康熙	二十二年癸
	兩江	于成龍
	川陝	哈占八月戊
	福建	姚啓聖卒。十
施維翰浙江總督。	浙江	施維翰調。
	湖廣	董衞國
湖廣總督。	兩廣	吳興祚
	雲貴	蔡毓榮
雲貴總督。	總漕	邵甘
	總河	靳輔

亥	康熙二十	
	兩江	于成
申遷。戊午,禧佛川陝總督。	川陝	禧佛
二月丙辰,施維翰福建總督。	福建	施維
	浙江	王國
	湖廣	董衛
	兩廣	吳興
	雲貴	蔡毓
	總漕	邵甘
	總河	靳輔

三年甲子五月丙寅，裁浙江總督。

龍卒。五月甲申，王新命兩江總督。

翰卒。五月丙寅，王國安福建總督。

安正月丙寅，浙江總督。五月丙寅調。

國卒。正月丙寅，徐國相湖廣總督。

祚

榮

十二月戊戌罷。丙午，徐旭齡漕運總督。

	康熙二十四年乙丑	康熙二十五年丙
兩江	王新命	王新命
川陝	禧佛	禧佛九月乙
福建	王國安	王國安
湖廣	徐國相	徐國相
兩廣	吳興祚	吳興祚
雲貴	蔡毓榮	蔡毓榮閏四
總漕	徐旭齡	徐旭齡
總河	靳輔	靳輔

寅

未遷。乙巳，圖納川陝總督。

月辛未遷。范承勳雲貴總督。

康熙	二十
兩江	王新
川陝	圖納
福建	王國
閩浙	王新
湖廣	徐國
兩廣	吳興
雲貴	范承
總漕	徐旭
總河	靳輔

六年丁卯三月乙酉，改福建總督爲閩

命三月乙酉調。己丑，董訥兩江總督。

安三月辛巳遷。

命三月，閩浙總督。

相

祚

勳

齡卒。三月乙未，慕天顏漕運總督。

浙總督。	康熙二十七年戊辰三月辛卯，	
	兩江	董訥三月丁酉降。四月戊
	川陝	圖納二月丁巳遷。甲子，葛
	閩浙	王新命調。三月乙未，王騭
	湖廣	徐國相三月乙酉罷。九月
	兩廣	吳興祚
	雲貴	范承勳
	漕總	慕天顏三月乙酉免。庚寅，
	河總	靳輔三月乙酉免。己丑，王

康熙二	裁湖廣總督。九月癸巳復設。
兩江傅	申,傅拉塔兩江總督。
川陝葛	思泰川陝總督。
閩浙王	閩浙總督。
湖廣丁	戊戊,丁思孔湖廣總督。
兩廣吳	
雲貴范	
總漕馬	馬世濟漕運總督。
總河王	新命河道總督。

十八年己巳
拉塔
思泰
騭五月丁未遷。壬子，興永朝閩浙總督。
思孔
興祚六月戊子降。七月己亥，石琳兩廣
承勳
世濟三月丁亥休。董訥漕運總督。
新命

	康熙二十九年庚午		康熙三十	
	兩江	傅拉塔	兩江	傅拉
	川陝	葛思泰	川陝	葛思
	閩浙	興永朝	閩浙	興永
	湖廣	丁思孔	湖廣	丁思
總。督	兩廣	石琳	兩廣	石琳
	雲貴	范承勳	雲貴	范承
	漕總	董訥	漕總	董訥
	河總	王新命	河總	王新

	年辛未	康熙三十一年壬申
兩江	塔	傅拉塔
川陝	泰	葛思泰 十月庚辰病免。甲
閩浙	朝	興永朝 調。十二月乙未，朱
湖廣	孔	丁思孔
兩廣		石琳
雲貴	勳	范承勳
總漕		董訥 十二月辛卯遷。乙未，
總河	命	王新命 二月辛巳罷。靳輔

申，佛倫川陝總督。

弘祚閩浙總督。

興永朝漕運總督。

河道總督。董訥署。十一月甲子，靳輔病

康熙三十二年		
兩江	傅拉塔	
川陝	佛倫	
閩浙	朱弘祚	
湖廣	丁思孔	
兩廣	石琳	
雲貴	范承勳	
總漕	興永朝	
總河	于成龍	免。十二月壬子,于成龍代。

癸酉	康熙三十三年甲戌
	兩江 傅拉塔 六月戊戌卒。丙辰，范
	川陝 佛倫 三月乙卯遷。十月丙申，
	閩浙 朱弘祚 十二月庚戌降。
	湖廣 丁思孔 調。四月辛卯，吳琠 湖
	兩廣 石琳
	雲貴 范承勳 三月乙丑遷。四月戊
	總漕 興永朝 二月甲戌遷。王樑 漕
	總河 于成龍

承勳兩江總督。

吳赫川陝總督。

廣總督。

寅,丁思孔雲貴總督。尋卒。九月癸未,王

運總督。

		康熙三十四年乙亥
	兩江	范承勳
	川陝	吳赫
	閩浙	郭世隆　二月己亥,閩浙總
	湖廣	吳琠
	兩廣	石琳
繼文代。	雲貴	王繼文
	總漕	王樑　六月庚申免。七月乙
	總河	于成龍　八月癸卯憂免。己

督。

丑，董安國漕運總督。八月己酉調。桑額

酉，董安國河道總督。

	康熙	三十五年丙子
	兩江	范承勳
	川陝	吳赫
	閩浙	郭世隆
	湖廣	吳琠 六月壬子還。七月戊午，
	兩廣	石琳
	雲貴	王繼文
代。	總漕	桑額
	總河	董安國

	康熙三十六年丁丑	
	兩江	范承勳
	川陝	吳赫
	閩浙	郭世隆
李輝祖湖廣總督。	湖廣	李輝祖
	兩廣	石琳
	雲貴	王繼文
	總漕	桑額
	總河	董安國

康熙	三十七年戊寅	
兩江總督	范承勳	十月甲寅憂免。十一月壬
川陝總督	吳赫	
閩浙總督	郭世隆	
湖廣總督	李輝祖	
兩廣總督	石琳	
雲貴總督	王繼文	十二月甲寅病免。己未，巴
漕運總督	桑額	
河道總督	董安國	十一月丁酉罷。于成龍河

康熙三十八年			
兩江	張鵬翮	五	辰，張鵬翮兩江總督。
川陝	吳赫	六月	
閩浙	郭世隆		
湖廣	李輝祖	六	
兩廣	石琳		
雲貴	巴錫		錫雲貴總督。
總漕	桑額		
總河	于成龍		道總督。

己卯

月庚午隨扈。陶岱署兩江總督。尋卸。張

辛酉罷。七月庚辰，席爾達署川陝總督。

月戊戌召。郭琇湖廣總督。

	康熙三十九年庚辰	
兩江	張鵬翮三月癸卯調。陶	鵬翮回任。
川陝	席爾達	
閩浙	郭世隆	
湖廣	郭琇	
兩廣	石琳	
雲貴	巴錫	
總漕	桑額	
總河	于成龍三月癸卯卒。張	

岱署兩江總督。五月丁未遷。阿山代。
鵬翮河道總督。

康熙四十年辛巳	
兩江	阿山
川陝	席爾達十月壬申遷。覺羅華顯川
閩浙	郭世隆
湖廣	郭琇
兩廣	石琳
雲貴	巴錫
漕總	桑額
河總	張鵬翮

	康熙四十一年壬午	
兩江	阿山	
川陝	覺羅華顯	陝總督。
閩浙	郭世隆調。十月丙午，金世	
湖廣	郭琇	
兩廣	石琳十月丙午休。郭世隆	
雲貴	巴錫	
總漕	桑額	
總河	張鵬翮	

	康熙	四十二年癸未
	兩江	阿山
	川陝	覺羅華顯
榮閩浙總督。	閩浙	金世榮
	湖廣	郭琇四月丁亥罷。戊
兩廣總督。	兩廣	郭世隆
	雲貴	巴錫
	漕總	桑額
	河總	張鵬翮

康熙四十三年		
兩江	阿山	
川陝	覺羅華顯	
閩浙	金世榮	
湖廣	喻成龍	戊，喻成龍湖廣總督。
兩廣	郭世隆	
雲貴	巴錫	
漕總	桑額	
河總	張鵬翮	

康熙	甲申
兩江	
川陝	卒。正月辛酉,博霽兼川陝總督。
閩浙	
湖廣	
兩廣	
雲貴	
總漕	
總河	

四十四年乙酉

阿山

博霽

金世榮

喻成龍八月己酉罷。戊午,石文晟湖廣

郭世隆

巴錫五月癸酉遷。庚辰,貝和諾雲貴總

桑額

張鵬翮

	康熙四十五年丙戌		
	兩江	阿山	十一月甲戌遷。辛巳,
	川陝	博霽	
	閩浙	金世榮	四月己未遷。五月
總督。	湖廣	石文晟	
	兩廣	郭世隆	十二月甲辰罷。辛
督。	雲貴	貝和諾	
	漕總	桑額	
	河總	張鵬翮	

康熙四十六年		
兩江	邵穆布	邵穆布兩江總督。
川陝	博霽	
閩浙	梁鼐	丁丑，梁鼐閩浙總督。
湖廣	石文晟五	
兩廣	趙弘燦	亥，趙弘燦兩廣總督。
雲貴	貝和諾	
總漕	桑額	
總河	張鵬翮	

丁亥

月丙子免。六月丁亥,郭世隆湖廣總督。

康熙	四十七年戊子
兩江	邵穆布
川陝	博霽 卒。四月己酉，齊世武川陝總
閩浙	梁鼐
湖廣	郭世隆
兩廣	趙弘燦
雲貴	貝和諾
總漕	桑額
總河	張鵬翮 十月乙卯遷。十一月癸未，

	康熙	四十八年己	
	兩江	邵穆布	七
督。	川陝	齊世武	七月
	閩浙	梁鼐	
	湖廣	郭世隆	
	兩廣	趙弘燦	
	雲貴	貝和諾	
	總漕	桑額	
趙世顯河道總督。	總河	趙世顯	

康熙四十九	丑
兩江 噶禮	月辛卯，噶禮兩江總督。
川陝 殷泰	庚寅遷。殷泰川陝總督。
閩浙 梁鼐 八	
湖廣 郭世隆	
兩廣 趙弘燦	
雲貴 貝和諾	
總漕 桑額 十	
總河 趙世顯	

年 庚寅

月甲申，憂免。庚寅，范時崇閩浙總督。

十月丙子，遷。鄂海湖廣總督。

九月辛酉，遷。十月丙子，郭瑮雲貴總督。

一月乙卯，遷。十二月癸酉，赫壽漕運總督。

	康熙五十年辛卯	康熙五十一年壬辰
兩江	噶禮	噶禮二月丁
川陝	殷泰	殷泰
閩浙	范時崇	范時崇
湖廣	鄂海	鄂海
兩廣	趙弘燦	趙弘燦
雲貴	郭瑮	郭瑮
總漕	赫壽	赫壽十月丙
總河	趙世顯	趙世顯

巳免。郎廷極署兩江總督。十月丙寅,赫

寅調。郎廷極漕運總督。

康熙五十二年癸巳		
兩江	赫壽	壽代。
川陝	殷泰四月甲寅病免。鄂海川	
閩浙	范時崇	
湖廣	鄂海四月甲寅調。癸亥，鄂倫	
兩廣	趙弘燦	
雲貴	郭瑮	
總漕	郎廷極	
總河	趙世顯	

康熙		康熙五十三年甲午
兩江		赫壽
川陝	陝總督。	鄂海
閩浙		范時崇
湖廣	特湖廣總督。	鄂倫特
兩廣		趙弘燦
雲貴		郭瑮
總漕		郎廷極
總河		趙世顯

五十四年乙未
赫壽
鄂海
范時崇　十一月甲午遷。癸卯，覺羅滿保
鄂倫特
趙弘燦
郭瑮
郎廷極　二月己巳卒。施世綸漕運總督。
趙世顯

	康熙五十五年丙申	
	兩江	赫壽
	川陝	鄂海
閩浙總督。	閩浙	覺羅滿保
	湖廣	鄂倫特 閏三月癸亥遷。
	兩廣	趙弘燦 十月壬辰遷。戊
	雲貴	郭瑮 九月庚午,蔣陳
	總漕	施世綸
	總河	趙世顯

		康熙五十六年丁
兩江		赫壽　四月丙
川陝		鄂海
閩浙		覺羅滿保
湖廣	滿丕署湖廣總督。	滿丕
兩廣	戊，楊琳兩廣總督。	楊琳
雲貴	錫雲貴總督。	蔣陳錫
總漕		施世綸
總河		趙世顯

康熙五十七		酉
兩江	長鼐	申遷。甲辰，長鼐兩江總督。
川陝	鄂海十	
四川	年羹堯	
陝西	鄂海十	
閩浙	覺羅滿	
湖廣	滿丕	
兩廣	楊琳	
雲貴	蔣陳錫	
總漕	施世綸	
總河	趙世顯	

	康熙五十八年己亥	年戊戌
兩江	長鼐	
四川	年羹堯	月丁卯，調。
陝西	鄂海	十月甲子，四川總督。
閩浙	覺羅滿保	月丁卯，陝西總督。
湖廣	滿丕	保
兩廣	楊琳	
雲貴	蔣陳錫	
總漕	施世綸	
總河	趙世顯	

康熙五十九年庚子	
兩江	長鼐
四川	年羹堯
陝西	鄂海
閩浙	覺羅滿保
湖廣	滿丕
兩廣	楊琳
雲貴	蔣陳錫 九月戊寅罷。張文煥署雲
漕總	施世綸
河總	趙世顯

	康熙六十年辛丑	
	兩江	長鼐
	川陝	年羹堯　五月乙酉,兼川陝
	四川	年羹堯
	陝西	鄂海　五月乙酉差。
	閩浙	覺羅滿保
	湖廣	滿丕
貴總督。	兩廣	楊琳
	雲貴	張文煥
	漕總	施世綸
	河總	趙世顯　十一月辛卯召。陳

	康熙六十一年壬寅	
兩江	長鼐卒。十月辛	
川陝	年羹堯	總督。
閩浙	覺羅滿保	
湖廣	滿丕十一月戊	
兩廣	楊琳	
雲貴	張文煥二月庚	
漕總	施世綸五月戊	
河總	陳鵬年十二月	
		鵬年署河道總督。

雍正元年	
兩江 查弼納	未，查弼納兩江總督。
川陝 年羹	
閩浙 覺羅	
湖廣 楊宗	戊召。楊宗仁湖廣總督。
兩廣 楊琳	
雲貴 高其	午召。高其倬署雲貴總督。
總漕 張大	戊卒。張大有署漕運總督。
總河 陳鵬	壬戌，補河道總督。

癸卯
納
堯
滿保
仁
倬
有
年正月壬辰病免。齊蘇勒署河道總督。

雍正	二年甲辰
直隸	李維鈞 十月己亥，直隸總督。
兩江	查弼納
川陝	年羹堯
閩浙	覺羅滿保
湖廣	楊宗仁
兩廣	楊琳 卒。四月丁未，孔毓珣兩廣總督。
雲貴	高其倬
總漕	張大有
總河	齊蘇勒
副總	嵇曾筠 閏四月丙戌，河南副總河。

雍正	三年乙巳
直隸	李維鈞 八月乙酉罷。蔡珽署直隸
兩江	查弼納
川陝	年羹堯 四月己卯調。岳鍾琪署川
閩浙	覺羅滿保 十月戊申，高其倬閩
湖廣	楊宗仁 八月甲戌，李成龍湖廣
兩廣	孔毓珣
雲貴	高其倬 十月戊申，伊都立雲貴
總漕	張大有
總河	齊蘇勒
副總	嵇曾筠

總督。庚寅，李紱代。
陝總督。七月壬子補。九月丙申覲。圖理
浙總督。
總督。
總督。庚寅調。楊名時代。

		雍正四年丙午
	直隸	李紱十二月壬午遷。宜兆熊
	兩江	查弼納四月己卯召。范時繹
琛署。	川陝	岳鍾琪
	閩浙	高其倬
	湖廣	李成龍九月壬辰遷。宜兆熊
	兩廣	孔毓珣
	雲貴	楊名時調。十月甲申,鄂爾泰
	總漕	張大有
	總河	齊蘇勒
	副總	嵇曾筠

署直隸總督。
署兩江總督。
湖廣總督。丙午,福敏署。
雲貴總督。

雍正五年丁未		
直隸	宜兆熊	閏
兩江	范時繹	
川陝	岳鍾琪	
閩浙	高其倬	
浙江	李衞	十一
湖廣	福敏	閏三
兩廣	孔毓珣	
雲貴	鄂爾泰	
總漕	張大有	
總河	齊蘇勒	
副總	嵇曾筠	

雍正六年		
直隸總	宜兆	三月戊辰遷。仍署直隸總督。
兩江	范時	
川陝	岳鍾	
閩浙	高其	
浙江	李衞	月丁巳，浙江總督。
湖廣	邁柱	月戊辰召。邁柱湖廣總督。
兩廣	孔毓	
雲貴	鄂爾	
總漕	張大	
總河	齊蘇	
副總	嵇曾	

戊申

熊五月丙寅召。何世基署直隸總督。

繹

琪

倬

珣

泰十月丁亥,雲貴廣西總督。

有

勒

筠

	雍正七年己酉
直隸	何世璂正月卒。壬申，楊鯤協辦直
兩江	范時繹
川陝	岳鍾琪四月征西。甲午，查郎阿署
閩浙	高其倬四月己亥召。史貽直署福
浙江	李衞三月丙寅入覲。性桂署浙江
湖廣	邁柱
廣東	孔毓珣三月調。乙巳，郝玉麟廣東
雲廣	鄂爾泰
漕總	張大有二月戊戌遷。性桂漕運總
河總	齊蘇勒
南河	尹繼善二月丁丑，署南河總督。三
副總	嵇曾筠三月辛亥，東河總督。

雍正	
直隸	隸總督。六月己卯免。唐執玉署。
兩江	
川陝	川陝總督。
福建	建總督。
浙江	總督。
湖廣	
廣東	總督。
雲廣	
總漕	督。三月調。張大有仍任。
總河	
河南	月乙巳，孔毓珣代。
河東	
河北	

八年庚戌

唐執玉

范時繹 三月甲午免。史貽直署兩江總

查郎阿

史貽直 調。高其倬回任福建總督。五月

性桂

邁柱

郝玉麟

鄂爾泰

張大有

齊蘇勒

孔毓珣 卒。四月癸亥，嵇曾筠河南總督。

嵇曾筠 四月癸亥調。田文鏡河東總督。

劉於義 十二月癸丑，北河總督。

雍正九年辛		
直隸	唐執玉	
兩江	高其倬	督。五月癸酉，高其倬代。
川陝	查郎阿	
四川	黃廷桂	癸酉，劉世明代。
福建	劉世明	
浙江	李衞九	
湖廣	邁柱	
廣東	郝玉麟	
雲廣	鄂爾泰	
總漕	性桂	
總河	齊蘇勒	
南河	嵇曾筠	八月壬戌，沈廷正代。
東河	沈廷正	
北河	劉於義	
副總	高斌九	

亥

九月丁亥病免。戊子,劉於義署直隸總督。

七月丁卯調。尹繼善署兩江總督。

二月壬戌,四川總督。

月乙亥覲。李燦署浙江總督。

九月甲戌免。張溥署廣東總督。

七月丁卯覲。高其倬署雲廣總督。

調。九月戊子,朱藻河東總督。

調。九月戊子,沈廷正河北總督。

月戊子,東河副總督。

雍正十年壬子		
直隸	劉於義	調。七月戊戌,李衛署直隸
兩江	尹繼善	九月庚寅召。魏廷珍署兩
川陝	查郎阿	七月戊戌遷。劉於義署陝
四川	黃廷桂	
福建	劉世明	二月癸丑差。郝玉麟署福
浙江	李衛	閩五月癸丑遷。七月戊戌,程
湖廣	邁柱	
廣東	郝玉麟	正月戊子病痊,回任廣東
雲廣	高其倬	
總漕	性桂	二月乙未召。魏廷珍漕運總
總河	齊蘇勒	
南河	嵇曾筠	
東河	朱藻	
北河	沈廷正	二月辛卯召。王朝恩北河
副總	高斌	

總督。八月癸未補。

江總督。

西總督。

建總督。八月癸未補。

元章署浙江總督。八月癸未補。

總督。二月癸丑調。鄂彌達署。八月癸未補。

督。九月庚寅調。性桂補。

總督。

雍正	十一年癸丑
直隸	李衞　正月丁亥差。唐執玉署直隸
兩江	魏廷珍　回任。正月壬辰，高其倬兩
川陝	劉於義
四川	黃廷桂
福建	郝玉麟
浙江	程元章
湖廣	邁柱
廣東	鄂彌達
雲廣	高其倬　調。正月壬辰，尹繼善雲廣
總漕	魏廷珍　正月，回任漕運總督。
總河	齊蘇勒
南河	嵇曾筠　憂。十二月壬戌，高斌署南
東河	朱藻
北河	王朝恩　八月丁卯罷。顧琮北河總
副總	高斌

雍正	十二	
直隸	李衛	總督。四月，李衛回任。
兩江	趙弘	江總督。九月己卯，趙弘恩署。
川陝	劉於	
四川	黃廷	
福建	郝玉	
浙江	程元	
湖廣	邁柱	
廣東	鄂彌	
雲廣	尹繼	總督。
總漕	魏廷	
總河	齊蘇	
南河	高斌	河總督。
東河	朱藻	
北河	顧琮	督。
副總	高斌	
副總	白鍾	

年 甲寅

恩 五月壬辰，補兩江總督。

義

桂

麟 七月丁亥。觀阿爾賽署福建總督。十月

章 十月戊午裁。

達

善

珍 十二月丁巳遷。顧琮漕運總督。

勒

十二月丁巳調。白鍾山東河總督。

十二月丁巳調。朱藻北河總督。

山 七月甲戌，南河副總督。十二月丁巳遷。

雍正十三年乙	
直隸 李衛	
兩江 趙弘恩	
川陝 劉於義	
四川 黃廷桂	
閩浙 郝玉麟	戊午，郝玉麟閩浙總督。
湖廣 邁柱七月	
廣東 鄂彌達	
雲廣 尹繼善	
總漕 顧琮	
總河 齊蘇勒	
南河 高斌十二	
東河 白鍾山	
北河 朱藻十	

卯

辛酉遷。張廣泗湖廣總督。八月庚寅，邁

月丙戌，補南河總督。

月丙子，劉勷北河總督。

杜署。十一月丁未，史貽直署。

清史稿卷一百九十八

表三十八

疆臣年表二　各省總督　河督漕督附

乾隆元年丙辰，裁四	
直隸	李衞
兩江	趙弘
川陝	查郎
閩浙	郝玉
湖廣	史貽
兩廣	鄂彌
雲貴	尹繼
總漕	顧琮
直隸河道總督	劉勷
江南河道總督	高斌
河東河道總督	白鍾

川總督。

恩

阿

麟二月甲申，以閩浙總督銜督專管福建事。

直

達

善六月癸酉，雲南總督。張廣泗貴州總

正月丙辰遷。二月壬申，補熙署漕運總督。

山

嵇曾筠浙江總督。

督。

辛卯，程元章補。六月丙申，程元章遷。

乾隆二年丁巳	
李衛	
趙弘恩 正月庚子召。慶復兩江	
查郎阿	
郝玉麟 嵇曾筠	
史貽直 九月甲辰召。德沛湖廣	
鄂彌達	
尹繼善 四月乙卯陛見。張允隨	
補熙	補熙補。
劉勷 七月癸丑革。八月丙子，顧	
高斌	
白鍾山	

總督。閏九月丁卯，慶復還。那蘇圖兩江總

總督。

署。九月丁卯，慶復雲南總督。張廣泗仍

琮署直隸河道總督。

	乾隆三年戊午,裁浙江總督。
	李衞 十月丁酉免。孫嘉淦署直隸
督。	那蘇圖
	查郎阿 七月丙寅遷。鄂彌達川陝
	郝玉麟
	德沛
	鄂彌達 七月丙寅遷。馬爾泰兩廣
貴州。	慶復 張廣泗
	補熙 七月丙寅,托時漕運總督。
	顧琮 改協理。正月癸酉,朱藻直隸
	高斌
	白鍾山

總督。

總督。

總督。

河道總督。九月甲子被劾。顧琮管理河總

乾隆四年己未	
孫嘉淦	
那蘇圖十一月戊申	
鄂彌達	
郝玉麟七月丙寅遷。	
德沛七月丙寅遷。班	
馬爾泰	
慶復張廣泗	
托時	
顧琮	印務。十月丙午補。
高斌	
白鍾山	

乾隆五年庚申	
孫嘉淦	
郝玉麟五月甲	憂。郝玉麟署兩江總督。
鄂彌達三月庚	
德沛	德沛閩浙總督。
班第十一月己	第湖廣總督。
馬爾泰	
張廣泗六月癸	
托時十月戊戌	
顧琮	
高斌	
白鍾山	

子免。楊超曾署兩江總督。

戌召。尹繼善川陝總督。

巳憂。那蘇圖署湖廣總督。

酉召。張允隨署貴州總督。　慶復仍雲南。

遷。常安漕運總督。

乾隆六年辛酉
孫嘉淦八月己酉遷。高斌直隸總督。
楊超曾八月己酉召。那蘇圖兩江總督。
尹繼善
德沛五月己丑召。策楞暫署閩浙總督。
那蘇圖八月己丑遷。孫嘉淦湖廣總督。
馬爾泰四月戊申憂。慶復署兩廣總督。
慶復四月遷。張允隨署雲南。 張廣泗
常安十二月辛亥遷。顧琮署漕運總督。
顧琮八月己酉召。高斌兼理直隸河道
高斌八月己酉遷。完顏偉江南河道總
白鍾山

	乾隆七年壬戌
	高斌六月癸未差。史貽直署直
	那蘇圖四月癸巳還。德沛兩江
	尹繼善九月丁丑憂。馬爾泰署
	德沛四月癸巳還。那蘇圖閩浙
	孫嘉淦
	慶復
仍貴州。	張允隨　張廣泗
	顧琮
總督。	高斌
督。	完顏偉十二月辛亥還。白鍾山
	白鍾山十二月辛亥還。完顏偉

	乾隆八年癸亥
隸總督。	史貽直
總督。	德沛　二月庚子召。尹繼
川陝總督。	馬爾泰　五月戊申遷。慶
總督。	那蘇圖
	孫嘉淦　正月丁巳召。阿
	慶復　正月戊午陛見。策
	張允隨　張廣泗
	顧琮
	高斌
江南河道總督。	白鍾山
河東河道總督。	完顏偉

善兩江總督。

復川陝總督。

爾賽湖廣總督。

椤署兩廣總督。五月戊申,慶復遷。馬爾泰

	乾隆九年甲子
	史貽直
	尹繼善
	慶復
	那蘇圖 七月戊寅遷。馬爾泰
	阿爾賽 二月丁丑遷。鄂彌達
兩廣總督。	馬爾泰 七月戊寅遷。那蘇圖
	張允隨 張廣泗
	顧琮
	高斌
	白鍾山
	完顏偉

	乾隆十年乙丑
	史貽直 五月辛卯，那蘇圖直
	尹繼善
	慶復
閩浙總督。	馬爾泰
湖廣總督。	鄂彌達
兩廣總督。	那蘇圖 四月乙卯。召。策楞兩
	張允隨 張廣泗
	顧琮
	高斌
	白鍾山
	完顏偉

	乾隆十一年丙寅
隸總督。	那蘇圖
	尹繼善
	慶復
	馬爾泰　九月丁巳召。喀爾吉善
	鄂達彌　九月壬戌召。塞楞額　湖
廣總督。	策楞
	張允隨　張廣泗
	顧琮　閏三月己亥遷。劉統勳署
	高斌
	白鍾山　閏三月己亥革。顧琮署
	完顏偉

閩浙總督。

廣總督。

漕運總督。九月庚子，顧琮回任。

江南河道總督。九月庚子回原任。周學健

	乾隆十二年丁卯,裁貴
	那蘇圖
	尹繼善
	慶復三月辛丑召。張廣
	喀爾吉善
	塞楞額
	策楞
	張允隨三月辛丑,改雲
	顧琮九月壬子遷。蘊著
	高斌四月戊辰差。那蘇
江南河道總督。	周學健
	完顏偉

州總督。

泗川陝總督。十二月乙亥，進勦大金川。黃

貴總督。

漕運總督。

圖署直隸河道總督。

乾隆十三年戊辰,分	
那蘇圖	
尹繼善 九月戊午遷。	
張廣泗 九月辛酉召。	廷桂署川陝總督。
喀爾吉善	
塞楞額 閏七月己巳	
策楞 九月戊午遷。尹	
張允隨	
蘊著	
那蘇圖	
周學健 閏七月戊辰	
完顏偉 三月乙未遷。	

設陝西總督、四川總督。

策楞兩江總督。十一月癸酉遷。雅爾哈

傅爾丹暫護川陝總督。九月戊寅，張廣

召。新柱署湖廣總督。

繼善兩廣總督。十月乙酉召。碩色兩廣

遠。高斌暫管江南河道總督。

顧琮河東河道總督。

善兼署兩江總督。十二月丁亥，黃廷桂

泗革。傅恆暫管川陝總督。十一月癸酉，

總督。

兩江總督。

策楞川陝總督。庚辰,分設兩督,尹繼善陝

	乾隆十四年己
	那蘇圖七月辛
	黃廷桂
甘總督，策楞四川總督。	尹繼善正月丁
	喀爾吉善
	新柱二月庚子
	碩色
	張允隨
	蘊著四月戊戌
	那蘇圖
	高斌
	顧琮

巳
亥卒。方觀承直隸總督。
巳差。瑚寶陝甘總督。　策楞仍四川。
差。瑚寶湖廣總督。十二月辛卯，新柱遷。
革。瑚寶漕運總督。

	乾隆十五年庚午
	方觀承
	黃廷桂
	尹繼善　策楞
	喀爾吉善
永興湖廣總督。	永興十一月乙丑憂。阿
	碩色正月丁未遷。陳大
	張允隨正月丁未遷。碩
	瑚寶
	方觀承
	高斌
	顧琮

	乾隆十六年辛未
	方觀承
	黃廷桂 閏五月戊寅遷。
	尹繼善 閏五月戊寅遷。
	喀爾吉善
里衮 湖廣總督。	阿里衮 九月庚寅遷。永
受 兩廣總督。	陳大受 九月庚寅卒。阿
色 雲貴總督。	碩色
	瑚寶
	方觀承
	高斌
	顧琮

乾	
方	
尹	尹繼善兩江總督。未任，前高斌兼管。
黃	黃廷桂陝甘總督。策楞仍四川。
喀	
永	常湖廣總督。
阿	里袞兩廣總督。
碩	
瑚	
方	
高	
顧	

隆十七年壬申
觀承
繼善九月丁亥召。莊有恭暫署兩江總督。
廷桂策楞
爾吉善
常
里衮
色
寶
觀承
斌
琮

乾隆十八年癸酉

方觀承

尹繼善　正月戊寅遷。鄂容安署兩江總督。

策楞　正月戊寅憂。黃廷桂遷四川總督。尹

喀爾吉善

永常　三月己卯召。開泰署湖廣總督。未任

阿里袞　正月戊寅憂。班第署兩廣總督。九

碩色

瑚寶

方觀承

高斌　八月己亥議處。策楞江南河道總督。

顧琮

繼善陝甘總督。九月壬申遷。永常陝甘總

前,恆文署。八月辛丑,永常仍回湖廣總督

月壬申召。策楞兩廣總督。

九月壬申遷。尹繼善江南河道總督。

乾隆十	
方觀承	
鄂容安	
永常五	督。
喀爾吉	
開泰	任。九月壬申遷。開泰湖廣總督。
策楞四	
碩色	
瑚寶	
方觀承	
尹繼善	
顧琮三	

九年甲戌

八月丁巳召。尹繼善兼署兩江總督。

月戊戌差。劉統勳署陝甘總督。　黃廷桂仍

善

月辛卯召。楊應琚署兩廣總督。

十二月丙辰，富勒赫署江南河道總督。

月辛亥召。白鍾山東河道總督。

乾隆二十年乙亥	
方觀承 九月丙申差。鄂彌達署直	
尹繼善	
劉統勳 六月召。黃廷桂調陝甘。開	四川。
喀爾吉善	
開泰 六月癸丑遷。碩色署湖廣總	
楊應琚	
碩色 六月癸丑遷。愛必達雲貴總	
瑚寶	
方觀承	
富勒赫	
白鍾山	

	乾隆二十一年丙子
隸總督。	方觀承
	尹繼善
泰調四川。	黃廷桂 開泰
	喀爾吉善
督。	碩色
	楊應琚
督。	愛必達 二月戊辰遷。恆文 雲
	瑚寶 七月庚辰卒。張師載 漕
	方觀承
	富勒赫 十月壬申召。莊有恭
	白鍾山

	乾隆二十二年丁丑
	方觀承
	尹繼善
	黃廷桂 開泰
	喀爾吉善 七月丁未卒。
	碩色
	楊應琚 七月丁未遷。鶴
貴總督。	恆文 六月辛酉逮。甲子，
運總督。	張師載 正月甲辰遷。楊
	方觀承
江南河道總督。	莊有恭 正月甲辰居家
	白鍾山 正月甲辰遷。張

楊應琚閩浙總督。

年兩廣總督。未任，前李侍堯署。十二月癸

愛必達雲貴總督。

錫紱漕運總督。

待罪。白鍾山江南河道總督。

師載河東河道總督。

乾隆二十	
方觀承	
尹繼善	
黃廷桂	
楊應琚	
碩色	
陳宏謀四	亥，鶴年卒。陳宏謀兩廣總督。
愛必達	
楊錫紱	
方觀承	
白鍾山	
張師載	

乾隆二	三年戊寅
方觀承	
尹繼善	
黃廷桂	開泰
楊應琚	
碩色九	
李侍堯	月丙子調。李侍堯署兩廣總督。
愛必達	
楊錫紱	
方觀承	
白鍾山	
張師載	

十四年己卯，裁四川總督，改陝甘為川陝

正月乙亥卒。吳達善陝甘總督。七月乙亥，

三月壬辰遷。楊廷璋署閩浙總督。

月庚午免。蘇昌湖廣總督。

總督，設甘肅總督。

改開泰川陝總督，楊應琚甘肅總督。

乾隆二十五年庚辰,裁甘督,復陝甘、四
方觀承
尹繼善
楊應琚十二月丙戌,改陝甘總督。開泰
楊廷璋
蘇昌
李侍堯
愛必達
楊錫紱
方觀承
白鍾山
張師載

川兩總督。	乾隆二十六年辛巳
	方觀承
	尹繼善
改四川總督。	開泰 楊應琚
	楊廷璋
	蘇昌 四月壬辰遷。愛必達
	李侍堯 四月壬辰遷。蘇昌
	愛必達 四月壬辰遷。吳達
	楊錫紱
	方觀承
	白鍾山 三月戊申卒。高晉
	張師載

	乾隆二十七年壬午
	方觀承
	尹繼善
	開泰　楊應琚
	楊廷璋
湖廣總督。	愛必達
兩廣總督。	蘇昌
雲貴總督。	吳達善
	楊錫紱
	方觀承
南河河道總督。	高晉
	張師載

乾隆二十八年癸未
方觀承
尹繼善
開泰 六月戊戌革。壬寅，阿爾泰四川總
楊廷璋
愛必達 五月癸酉免。李侍堯湖廣總督。
蘇昌
吳達善
楊錫紱
方觀承
高晉
張師載 十一月辛酉卒。葉存仁河東河

乾隆二十九年甲	
方觀承	
尹繼善	
阿爾泰三月壬戌	督。楊應琚仍陝甘。
楊廷璋六月甲辰	
李侍堯六月甲辰	陳宏謀署。
蘇昌六月甲辰還。	
吳達善六月甲辰	
楊錫紱	
方觀承	
高晉	
葉存仁六月丁亥	道總督。

申

召。阿桂署。六月丙午，阿爾泰回四川總督。

免。蘇昌閩浙總督。

遷。吳達善湖廣總督。

李侍堯兩廣總督。

遷。劉藻雲貴總督。

卒。李宏河東河道總督。

乾隆三十年乙酉	
方觀承	
尹繼善三月乙未遷。	
阿爾泰 楊應琚	楊應琚仍陝甘。
蘇昌	
吳達善	
李侍堯六月己酉憂。	
劉藻	
楊錫紱	
方觀承	
高晉三月乙未遷。李	
李宏三月乙未遷。李	

	乾隆三十一年丙
	方觀承
高晉兩江總督。	高晉
	阿爾泰仍四川。
	蘇昌
	吳達善正月丙戌
楊廷璋署兩廣總督。	楊廷璋
	劉藻正月丙戌遷。
	楊錫紱
	方觀承
宏江南河道總督。	李宏
清時河東河道總督。	李清時

戊

楊應琚正月丙戌遷。吳達善陝甘總督。

遷。劉藻湖廣總督。二月壬寅降。定長湖

楊應琚雲貴總督。

	乾隆三十二年丁亥
	方觀承
	高晉
	阿爾泰　吳達善
	蘇昌
廣總督。	定長
	楊廷璋　三月庚寅召。李侍堯仍
	楊應琚　三月乙丑召。明瑞雲貴
	楊錫紱
	方觀承
	李宏
	李清時　七月辛巳遷。嵇璜河東

乾隆三十三年戊子	
方觀承　八月壬申卒。楊廷	
高晉	
阿爾泰　仍四川。吳達善	
蘇昌　正月丁未卒。崔應階	
定長　十二月甲子卒。吳達	
李侍堯	任兩廣總督。
明瑞　二月丙戌陣亡。鄂寧	總督。鄂寧署。
楊錫紱　十二月己未卒。梁	
方觀承　卒。楊廷璋兼直隸	
李宏	
嵇璜	河道總督。

璋直隸總督。

十二月甲子遷。明山陝甘總督。

閩浙總督。

善湖廣總督。

雲貴總督。阿里袞暫管。六月壬午，鄂寧

蓊鴻署漕運總督。

河道總督。

	乾隆三十四年己丑
	楊廷璋
	高晉
	阿爾泰　明山
	崔應階
	吳達善
	李侍堯
降。阿桂雲貴總督。	阿桂　正月辛卯免。兼
	梁翥鴻　六月乙丑免。
	楊廷璋
	李宏
	嵇璜　二月甲寅降。吳

明德雲貴總督。三月丙午降。阿思哈雲

傳顯漕運總督。黃登賢署。尋傳顯卒。黃

嗣爵河東河道總督。

貴總督。十月乙卯革。彰寶署雲貴總督。

登賢補。

乾隆三十五年庚寅
楊廷璋
高晉
阿爾泰　十月壬午召。德福署四川總督。
崔應階　十月辛巳召。鍾音署閩浙總督。
吳達善
李侍堯
彰寶
黃登賢　十二月丙子降。崔應階漕運總
楊廷璋
李宏
吳嗣爵

乾隆三十六年辛卯	
楊廷璋十月丁亥遷。周	
高晉八月庚寅差。薩載	
德福八月丁酉召。阿爾	明山仍陝甘。
鍾音三月戊午，富明	
吳達善五月辛丑遷。富	
李侍堯	
彰寶正月辛亥召。德福	
崔應階	督。
楊廷璋十月丁亥遷。周	
李宏八月庚午卒。吳嗣	
吳嗣爵遷。八月庚午，姚	

元理直隸總督。

兼署兩江總督。

泰仍留。九月丁卯，文綬四川總督。十月還。

安閩浙總督。五月辛丑還。鍾音閩浙總督。

明安湖廣總督。

暫署雲貴總督。

元理兼直隸河道總督。

爵江南河道總督。

立德署河東河道總督。

十一月丙辰,桂林四川總督。明山五月

辛丑。免。吳達善陝甘總督。十月卒。文綏陝

	乾隆三十七年壬辰
	周元理
	高晉
甘總督。	桂林　五月丙午革。阿爾泰署四
	鍾音
	富明安　五月甲子卒。海明湖廣
	李侍堯
	彰寶
	崔應階　正月癸卯遷。嘉謨署漕
	周元理
	吳嗣爵
	姚立德

川總督。六月甲申,文綬四川總督。十二月

總督。六月甲申還。阿爾泰署。丙戌,海明仍

運總督。

丁亥。革。劉秉恬四川總督。　六月甲申，
任。辛卯卒。富勒渾湖廣總督。十二月丁

	乾隆三十八
	周元理
	高晉
海明陝甘總督。勒爾謹署。	劉秉恬六月
	鍾音
亥，陳輝祖兼署。	富勒渾六月
	李侍堯
	彰寶
	嘉謨
	周元理
	吳嗣爵
	姚立德

年癸巳

甲寅。降富勒渾四川總督。勒爾謹仍

甲寅。遷文綬湖廣總督。陳輝祖署。

	乾隆三十九年甲午
	周元理
	高晉
陝。甘	富勒渾　勒爾謹
	鍾音
	文綬
	李侍堯
	彰寶　五月丙寅免。圖恩德署雲貴
	嘉謨
	周元理
	吳嗣爵
	姚立德

	乾隆四十年乙未	乾隆四十一年
	周元理	周元理
	高晉	高晉
	富勒渾　勒爾謹	富勒渾二月己
	鍾音	鍾音
	文綬	文綬二月己酉
	李侍堯	李侍堯
總督。	圖恩德	圖恩德
	嘉謨	嘉謨正月庚寅
	周元理	周元理
	吳嗣爵	吳嗣爵三月癸
	姚立德	姚立德

丙申

酉遷。文綬四川總督。勒爾謹三月甲

遷。富勒渾湖廣總督。

遷。阿思哈署漕運總督。十月免。鄂寶漕

未卒。薩載江南河道總督。

乾隆四十二年	
周元理	
高晉	
文綬　勒爾謹	申。召畢沅署陝甘總督。
鍾音	
富勒渾五月丁	
李侍堯正月乙	
圖思德正月乙	
鄂寶	運總督。
周元理	
薩載	
姚立德	

丁酉	乾隆四十
	周元理
	高晉
	文綬　勒
	鍾音　二月
亥遷。三寶湖廣總督。	三寶
酉遷。楊景素兩廣總督。	楊景素　二
西回原任。李侍堯雲貴總督。	李侍堯
	鄂寶
	周元理
	薩載
	姚立德

三年戊戌	乾隆四十四
	周元理三月
	高晉正月乙
爾謹	文綬　勒爾
壬子遷。楊景素閩浙總督。	楊景素三月
	三寶三月戊
月壬子遷。桂林兩廣總督。	桂林十二月
	李侍堯
	鄂寶
	周元理三月
	薩載正月乙
	姚立德四月

年己亥

丙申免。英廉署。戊戌，楊景素直隸總督。十

未卒。薩載兩江總督。

謹

戊戌遷。三寶閩浙總督。

戊遷。圖恩德湖廣總督。十二月戊午卒。富

乙卯卒。巴延三兩廣總督。

丙申免。戊戌，楊景素兼。十二月辛未，袁守

未遷。李奉翰署江南河道總督。

戊寅革。袁守侗河東河道總督。十二月辛

乾隆四	
袁守侗	二月辛未卒。袁守侗直隸總督。
薩載八	
文綬	
三寶六	
富勒渾	勒渾湖廣總督。
巴延三	
李侍堯	
鄂寶	
袁守侗	侗直隸河道總督。
李奉翰	
陳輝祖	未遷。陳輝祖河東河道總督。

十五年庚子
月己巳憂。陳輝祖暫署兩江總督。薩載尋
勒爾謹
月乙卯遷。富勒渾閩浙總督。
六月乙卯遷。舒常湖廣總督。
三月丁酉革逮。福康安雲貴總督。
二月丙午遷。陳輝祖江南河道總督。八月
二月丙午遷。李奉翰河東河道總督。八月

乾隆四	
袁守侗	
薩載	回任。
文綬八	
富勒渾	
舒常	
巴延三	
福康安	
鄂寶	
袁守侗	
陳輝祖	己巳,李奉翰署江南河道總督。
李奉翰	己巳,國泰兼署河東河道總督。

十六年辛丑

十一月戊辰。憂。鄭大進直隸總督。

月壬午。革。福康安四川總督。　勒爾謹四

正月癸卯。召。陳輝祖閩浙總督。

八月壬午。遷。富綱雲貴總督。劉秉恬署。

十一月戊辰。憂。鄭大進兼直隸河道總督。

正月癸卯。遷。李奉翰江南河道總督。

正月癸卯。遷。韓鑅河東河道總督。

乾隆四十	
鄭大進十	
薩載	
福康安	月庚午革。李侍堯陝甘總督。
陳輝祖九	
舒常	
巴延三	
富綱	
鄂寶	
鄭大進十	
李奉翰	
韓鏷七月	

七年壬寅

月甲申卒。袁守侗署直隸總督。

李侍堯

月辛亥革。富勒渾署閩浙總督。

月甲申卒。袁守侗兼署直隸河道總督。

己未憂。何裕城署河東河道總督。

乾隆四十八年癸卯	
袁守侗	五月丁未卒。劉峨直隸總督。
薩載	
福康安	四月辛巳遷。李世傑四川總督。
富勒渾	
舒常	
巴延三	
富綱	
鄂寶	二月乙丑遷。毓奇漕運總督。
袁守侗	五月丁未卒。劉峨直隸河道總
李奉翰	
何裕城	四月辛巳遷。蘭第錫署河東河

李侍堯二月己巳。召。畢沅署陝甘總督。

督。

道總督。

乾隆四十九年甲辰
劉峨
薩載
李世傑 四川。李侍堯 五月己卯革。福
富勒渾
舒常 正月丙辰遷。特成額 湖廣總督。伊
巴延三 正月丙辰召。舒常 兩廣總督。永
富綱
毓奇
劉峨
李奉翰
蘭第錫

	乾隆五十年乙巳
	劉峨
	薩載
康安陝甘總督。	李世傑四川。福康安
	富勒渾七月己酉遷。雅
星阿署。	特成額
德署。	舒常三月戊辰遷。孫士
	富綱
	毓奇
	劉峨
	李奉翰
	蘭第錫

九月己酉赴阿克蘇。慶桂署陝甘總督。

德閩浙總督。

毅署兩廣總督。七月己酉，富勒渾兩廣

	乾隆五十一年丙午
	劉峨
	薩載三月丙辰卒。李世傑兩江總
	李世傑三月丙辰遷。保寧四川總
	雅德六月辛丑革。富綱閩浙總督。
	特成額五月丁巳召。圖薩布署。己
總督。	富勒渾四月己亥免。孫士毅兼署總
	富綱六月辛丑遷。特成額雲貴總
	毓奇
	劉峨
	李奉翰
	蘭第錫

督。

督。　福康安召。九月戊子，永保署陝甘

常青兼署。十月辛亥，富綱遷。常青閩浙

未，李侍堯兼。六月辛丑，畢沅任。十月丁

兩廣總督。

督。十月辛亥革逮。富綱雲貴總督。

	乾隆五十二年
	劉峨
	李世傑十一月
總督。	保寧十一月乙
總督。	常青正月己卯
未降。李侍堯湖廣總督。	李侍堯正月己
	孫士毅
	富綱
	毓奇
	劉峨
	李奉翰
	蘭第錫

丁未

乙酉遷。書麟兩江總督。

酉遷。李世傑四川總督。　福康安六月

遷。李侍堯閩浙總督。

卯遷。常青湖廣總督。舒常署。十一月己

乾隆五十三	
劉峨	
書麟	
李世傑 勒	庚辰，差。勒保署陝甘總督。
李侍堯 十一	
舒常 七月丁	酉，舒常補。
孫士毅	
富綱	
毓奇	
劉峨	
李奉翰	
蘭第錫	

乾隆五十	年戊申
劉峨	
書麟	
李世傑十	保
福康安正	月癸亥卒。福康安閩浙總督。
畢沅	丑免。畢沅湖廣總督。舒常署。
孫士毅正	
富綱	
毓奇六月	
劉峨	
李奉翰二	
蘭第錫二	

四年己酉

一月癸巳病免。孫士毅四川總督。　勒

月壬午遷。伍拉納閩浙總督。

月壬午召。福康安兩廣總督。

甲子革。管幹貞漕運總督。

月甲寅遷。蘭第錫江南河道總督。

月甲寅遷。李奉翰河東河道總督。

乾隆五十五年庚戌	
劉峨　二月丁丑降。梁肯堂直	
書麟　五月己酉革。福崧兼署	
孫士毅　六月辛亥還。保寧署。	保仍陝甘。
伍拉納	
畢沅	
福康安	
富綱	
管幹貞	
劉峨　二月丁丑降。梁肯堂直	
蘭第錫	
李奉翰	

隸總督。

兩江總督。六月辛亥，孫士毅兩江總督。

十月甲子，鄂輝四川總督。　勒保仍陝甘。

隸河道總督。

乾隆五十六年辛亥
梁肯堂
孫士毅 四月辛未遷。書麟兩江總督。
鄂輝 八月甲子差。孫士毅署。十一月辛
伍拉納
畢沅
福康安
富綱
管幹貞
梁肯堂
蘭第錫
李奉翰

已，鄂輝革。惠齡四川總督。勒保仍陝甘。

乾隆五十七年壬子	乾隆五十八年癸
梁肯堂	梁肯堂
書麟	書麟
惠齡　勒保	惠齡　八月庚午遷。
伍拉納	伍拉納
畢沅	畢沅
福康安	福康安　八月庚午
富綱	富綱
管幹貞	管幹貞
梁肯堂	梁肯堂
蘭第錫	蘭第錫
李奉翰	李奉翰

乾隆	丑
梁肯	
書麟	
福康	福康安四川總督。勒保仍陝甘。
伍拉	
畢沅	
長麟	遷。長麟兩廣總督。
富綱	
管幹	
梁肯	
蘭第	
李奉	

五十九年甲寅
堂
七月甲辰革。富綱兩江總督。蘇凌阿署。
安七月甲辰遷。和琳四川總督。勒保仍
納
八月甲申降。福寧湖廣總督。
七月甲辰遷。福康安雲貴總督。
貞
堂
錫
翰

乾隆六十年乙卯	
梁肯堂	
蘇凌阿正月丙戌免署。福寧兩江	
和琳三月乙卯差。孫士毅署四川	陝甘。
伍拉納五月丁巳革。福康安閩浙	
福寧正月丙戌遷。畢沅湖廣總督。	
長麟	
福康安五月丁巳遷。勒保雲貴總	
管幹貞	
梁肯堂	
蘭第錫	
李奉翰	

總督。
總督。勒保五月丁巳遷。宜綿陝甘總
總督。長麟署。十月甲申革。魁倫兼署閩
督。

	督。
督。總	浙

清史稿卷一百九十九

表三十九

疆臣年表三

各省總督　河督漕督附

	嘉慶元年丙辰
直隸	梁肯堂
兩江	福寧六月
陝甘	宜綿十一
四川	孫士毅六
閩浙	魁倫
湖廣	畢沅
兩廣	長麟六
雲貴	勒保
漕運	管幹貞五
江南河道	蘭第錫
河東河道	李奉翰

遷。蘇凌阿署。

月丙辰，赴寧剿匪。陸有仁暫署。

月癸卯，卒。福寧代。

月乙亥，朱珪兩廣總督。八月辛丑，降。吉

月丙寅，降。富綱漕運總督。

	嘉慶二年丁巳
	梁肯堂
	蘇凌阿九月甲申遷。李奉翰
	陸有仁五月乙丑革。英善代。
	福寧降。五月乙丑,宜綿兼辦
	魁倫
	畢沅七月辛巳卒。姜晟署。九
慶兩廣總督。	吉慶
	勒保九月己丑遷。鄂輝雲貴
	富綱
	蘭第錫十二月戊申卒。康基
	李奉翰九月甲申遷。康基田

兩江總督。

十月，宜綿陝甘總督。

四川總督事務。十月遷。

月己丑，勒保湖廣總督。

總督。

田江南河道總督。

任。十二月戊申遷。司馬駒河東河道總督。

嘉慶三年戊午
梁肯堂正月庚午遷。胡季堂直隸總督。
李奉翰
宜綿
勒保正月甲申，四川總督。
魁倫十一月甲子憂免。福昌暫署閩浙
勒保正月甲申遷。三月癸酉，景安湖廣
吉慶
鄂輝六月甲寅卒。富綱雲貴總督。
富綱六月甲寅遷。梁肯堂漕運總督。
康基田
司馬騊假。吳璥署。

嘉慶四年己未	
胡季堂	
李奉翰二月辛丑卒。費淳兩江總	
宜綿正月丙戌免。恆瑞署。二月己	
勒保七月癸酉革。魁倫署四川總	
福昌三月甲子調。汪志伊兼署。十	總督。
景安三月庚午來京。倭什布湖廣	總督。
吉慶	
富綱八月癸巳憂免。長麟雲貴總	
梁肯堂二月戊申免。蔣兆奎漕運	
康基田	
吳璥十一月壬戌實授。	

嘉	
胡	
費	督。
松	丑，松筠陝甘總督。
魁	督。
長	月戊子，長麟閩浙總督。玉德署。
倭	總督。
吉	
書	督。十月戊子遷。書麟雲貴總督。
鐵	總督。十二月壬辰免。鐵保漕運總督。
康	
吳	

慶五年庚申

季堂九月丁亥假。顏檢護。戊戌，姜晟直隸

淳

筠正月辛酉遷。長麟陝甘總督。

倫三月辛巳革。勒保四川總督。

麟正月辛酉遷。玉德閩浙總督。

什布正月丁丑免。姜晟湖廣總督。松筠署。

慶

麟九月戊戌遷。琅玕雲貴總督。

保

基田二月戊子革。吳璥江南河道總督。

璥二月戊子遷。王秉韜河東河道總督。

嘉慶六年辛	
姜晟六月甲	總督。
費淳	
長麟十一月	
勒保	
玉德	
書麟四月卒。	九月戊戌,書麟湖廣總督。
吉慶	
琅玕	
鐵保	
吳璥	
王秉韜	

酉	嘉
寅革。熊枚署。九月，陳大文直隸總督。	陳
	費
丁丑來京。惠齡陝甘總督。	惠
	勒
	玉
壬戌，吳熊光湖廣總督。	吳
	吉
	琅
	鐵
	吳
	王

慶七年壬戌
大文四月辛丑病免。熊枚暫署。甲辰，顏檢
淳
齡
保
德
熊光
慶十一月庚寅解。長麟兩廣總督。瑚圖禮
玕
保十一月辛卯遷。吉綸漕運總督。
璥
秉韜卒。嵇承志八月癸卯，署河東河道總

嘉慶八年	
顏檢	署直隸總督。九月己巳實授。
費淳六月	
惠齡	
勒保	
玉德	
吳熊光	
瑚圖禮回	署。
琅玕	
吉綸	
吳璥	
嵇承志	督。

嘉慶	癸亥
顏檢	
陳大	戊子，調。陳大文兩江總督。
惠齡	
勒保	
玉德	
吳熊	
倭什	本任。正月庚午，倭什布兩廣總督。
瑯玕	
吉綸	
吳璥	
嵇承	

九年甲子

文

六月乙亥卒。那彥成署陝甘總督。十一月

光

布遷。十二月己酉，那彥成兩廣總督。

七月己亥卒。伯麟雲貴總督。永保署。

十二月丙寅來京。徐端江南河道總督。

志四月丙子來京。徐端署。十二月丙寅遷。

嘉慶十年乙丑	
顏檢六月庚申	
陳大文正月辛	
倭什布	己酉，倭什布陝甘總督。
勒保	
玉德	
吳熊光六月庚	
那彥成十月辛	
伯麟	
吉綸	
徐端	
李亨特	李亨特河東河道總督。

降。吳熊光直隸總督。十月辛丑遷。裘行

亥遷。鐵保兩江總督。

申遷。百齡湖廣總督。十一月丙辰革。全

丑來京。吳熊光兩廣總督。

	嘉慶十一年丙寅
簡署直隸總督。	裘行簡九月壬申卒。秦
	鐵保
	倭什布十月甲申來京。
	勒保十一月癸丑，統兵
	玉德五月丙寅革。阿林
保湖廣總督。	全保十月甲申遷。汪志
	吳熊光
	伯麟
	吉綸
	徐端改副總河。六月庚
	李亨特四月癸巳革。吳

承恩署。十月丁亥，溫承惠署直隸總督。

全保陝甘總督。方維甸署。

剿匪。特清額署四川總督。

保閩浙總督。溫承惠署。

伊湖廣總督。瑚圖禮署。

寅，戴均元江南河道總督。

璥河東河道總督。

嘉慶十二年丁卯
溫承惠 九月甲寅，授直隸總督。
鐵保
全保 五月己未病免。長齡陝甘總督。蔡
勒保
阿林保
汪志伊
吳熊光
伯麟
吉綸 五月己未遷。薩彬圖漕運總督。
戴均元
吳璥

	嘉慶十三年戊辰
	溫承惠
	鐵保
廷衡護。	長齡
	勒保
	阿林保
	汪志伊
	吳熊光十一月壬午革。永保兩
	伯麟
	薩彬圖
	戴均元三月丙辰病免。徐端江
	吳璥六月乙巳遷。馬慧裕河東

廣總督。

南河道總督。十二月庚申降。吳璥江南河

河道總督。

	嘉慶十四年己巳
	溫承惠
	鐵保七月庚午革。阿林保兩江
	長齡正月丙子革。和寧署。六月
	勒保
	阿林保七月庚午遷。方維甸閩
	汪志伊
	永保正月丁卯卒。百齡兩廣總
	伯麟
	薩彬圖六月丙午革。胡克家任。
道總督。	吳璥
	馬慧裕七月庚午遷。陳鳳翔河

總督。十二月壬辰卒。松筠兩江總督。章

丙午，松筠陝甘總督。十二月壬辰遷。那

浙總督。

督。

七月庚午革。馬慧裕任。十二月庚寅降。

東河道總督。

	嘉慶十五年庚午
	溫承惠
煦兼署。	松筠
彥成陝甘總督。	那彥成
	勒保 二月丙申來京。
	方維甸 九月壬戌回
	汪志伊 九月壬戌遷。
	百齡
	伯麟
許兆椿漕運總督。	許兆椿
	吳璥 病免。七月辛巳,
	陳鳳翔 十二月己亥

常明四川總督。

籍。汪志伊閩浙總督。

馬慧裕湖廣總督。

徐端代。十二月，陳鳳翔江南河道總督。

遷。李亨特河東河道總督。吉綸署。

嘉慶十六年辛未
溫承惠
松筠正月癸酉遷。勒保兩江總督。六月
那彥成
常明
汪志伊
馬慧裕
百齡正月癸酉遷。松筠兩廣總督。九月
伯麟
許兆椿
陳鳳翔
李亨特

嘉慶十七年	
溫承惠	
百齡	甲寅召。百齡兩江總督。
那彥成	
常明	
汪志伊	
馬慧裕	
蔣攸銛	乙未遷。蔣攸銛兩廣總督。
伯麟	
許兆椿八月	
陳鳳翔八月	
李亨特	

嘉慶十	壬申
溫承惠	
百齡	
那彥成	
常明	
汪志伊	
馬慧裕	
蔣攸銛	
伯麟	
阮元	丙寅。遷阮元漕運總督。
黎世序	壬子。革黎世序江南河道總督。
李亨特	

八年癸酉

九月乙亥差。章煦署。十月丙午，那彥成直

九月己卯來京。長齡陝甘總督。

九月乙亥革。戴均元河東河道總督。

	嘉慶十九年甲戌
隸總督。章煦署。	那彥成
	百齡
	長齡三月癸卯遷。先福
	常明
	汪志伊
	馬慧裕
	蔣攸銛
	伯麟
	阮元三月癸卯遷。桂芳
	黎世序
	戴均元正月壬午遷。吳

嘉慶	
那彥	
百齡	
先福	陝甘總督。高杞署。
常明	
汪志	
馬慧	
蔣攸	
伯麟	
李奕	任。四月壬午卒。李奕疇漕運總督。
黎世	
吳璥	璥河東河道總督。

二十年乙亥
成
伊
裕
銛
疇
序
正月癸卯遷。李鴻賓授。五月癸巳憂。李逢

	嘉慶二十一年丙
	那彥成六月壬戌
	百齡十月病假。松
	先福
	常明
	汪志伊
	馬慧裕五月辛卯
	蔣攸銛
	伯麟
	李奕疇
	黎世序
亨兼河東河道總督。	李逢亨回本任。十

子

革。方受疇直隸總督。

筠署。十一月壬子，百齡卒。孫玉庭兩江

遷。孫玉庭任。十一月壬子阮元湖廣

一月壬子，葉觀潮河東河道總督。

嘉慶二十二年丁丑	
方受疇	
孫玉庭	總督。
先福二月壬午革。和寧署。癸未，長	
常明九月癸丑卒。蔣攸銛四川總	
汪志伊三月甲辰病免。董教增閩	
阮元九月癸丑遷。慶保湖廣總督。	總督。
蔣攸銛九月癸丑遷。阮元兩廣總	
伯麟	
李奕疇	
黎世序	
葉觀潮	

	嘉慶二十三年戊寅	嘉慶
	方受疇	方受
	孫玉庭	孫玉
齡陝甘總督。	長齡	長齡
督。	蔣攸銛	蔣攸
浙總督。	董教增	董教
	慶保	慶保
督。	阮元	阮元
	伯麟	伯麟
	李奕疇	李奕
	黎世序	黎世
	葉觀潮	葉觀

二十四年己卯

嚋

庭

銛

增

嚋閏四月壬辰降。李鴻賓漕運總督。八月

序

潮八月辛卯革。李鴻賓河東河道總督。十

嘉慶二十五年	
方受疇	
孫玉庭	
長齡	
蔣攸銛	
董教增十二月	
慶保四月乙亥	
阮元	
伯麟四月乙亥	
成寧	癸巳遷。成寧漕運總督。
黎世序	
葉觀潮三月甲	月丁未降。葉觀潮仍任。

庚辰

丁亥疾免。慶保閩浙總督。

遷。張映漢湖廣總督。十二月丙午來京。

遷。慶保雲貴總督。十二月丁亥遷。史致

申革。四月,張文浩署河東河道總督。

陳若霖湖廣總督。

光雲貴總督。

	道光元年辛巳
直隸	方受疇
兩江	孫玉庭
陝甘	長齡九月
四川	蔣攸銛
閩浙	慶保
湖廣	陳若霖
兩廣	阮元
雲貴	史致光
漕運	成寧六月
江南河道	黎世序
河東河道	張文浩七

己巳陛見。朱勳署陝甘總督。

戊戌來京。李鴻賓漕運總督。

月己未丁憂。姚祖同署。癸巳，嚴烺河東河

	道光二年壬午
	方受疇正月壬子病免。顏檢直
	孫玉庭
	長齡正月回任。八月辛未召。那
	蔣攸銛九月庚寅遷。陳若霖四
	慶保八月戊申來京。趙慎畛閩
	陳若霖九月庚寅遷。李鴻賓湖
	阮元
	史致光八月丁未來京。明山雲
	李鴻賓九月庚寅遷。魏元煜漕
	黎世序
道總督。	嚴烺

	道光三年癸未
隸總督。	顏檢 四月甲辰來京。蔣
	孫玉庭
彥成陝甘總督。	那彥成
川總督。	陳若霖 十二月辛酉來
浙總督。	趙慎畛
廣總督。	李鴻賓
	阮元
貴總督。	明山
運總督。	魏元煜
	黎世序
	嚴烺

	道光四年甲申
攸銛直隸總督。	蔣攸銛
	孫玉庭十一月
	那彥成
京。戴三錫署四川總督。	戴三錫
	趙慎畛
	李鴻賓
	阮元
	明山十二月己
	魏元煜十一月
	黎世序二月丁
	嚴烺十一月辛

甲寅免。魏元煜兩江總督。

卯來京。長齡雲貴總督。
甲寅遷。十二月戊辰，顏檢漕運總督。
酉卒。張文浩任。十一月辛亥免。嚴烺江南
亥調。張井署河東河道總督。

	道光五年乙酉
	蔣攸銛十月辛巳來京。那彥
	魏元煜五月戊申調。琦善兩
	那彥成九月乙酉來京。長齡
	戴三錫
	趙慎畛九月乙酉遷。孫爾準
	李鴻賓
	阮元
	長齡九月乙酉調。趙慎畛雲
	顏檢五月戊申來京。魏元煜
河道總督。	嚴烺
	張井

成直隸總督。

江總督。

陝甘總督。鄂山署。十月庚辰，長齡遷。楊遇

閩浙總督。

貴總督。韓克均署。

漕運總督。六月卒。穆彰阿署。八月己未，陳

	道光六年丙戌
	那彥成
	琦善
春署陝甘總督。	楊遇春七月癸巳差。鄂
	戴三錫
	孫爾準
	李鴻賓五月戊戌調。嵩
	阮元五月戊戌調。李鴻
	趙慎畛五月丁酉卒。戊
中孚漕運總督。	陳中孚七月壬午遷。穆
	嚴烺三月癸巳調。張井
	張井三月癸巳調。嚴烺

山署陝甘總督。

孚湖廣總督。

賓兩廣總督。

戌，阮元雲貴總督。

彰阿起署。九月辛卯來京。楊懋恬署。十

江南河道總督。

河東河道總督。

二月癸丑，訥爾經額漕運總督。琦善署。

道光七年丁亥
那彥成 十一月庚戌差。屠之申署直隸
琦善 五月丙戌來京。蔣攸銛兩江總督。
楊遇春
戴三錫
孫爾準
嵩孚
李鴻賓
阮元
訥爾經額
張井
嚴烺

	道光八年戊子	道光九年己丑
督。總	屠之申	屠之申四月己卯
	蔣攸銛	蔣攸銛
	楊遇春	楊遇春
	戴三錫	戴三錫四月癸酉
	孫爾準	孫爾準
	嵩孚	嵩孚
	李鴻賓	李鴻賓
	阮元	阮元
	訥爾經額	訥爾經額三月戊
	張井	張井
	嚴烺	嚴烺

降。松筠署。六月己丑，那彥成回直隸總督

來京。琦善四川總督。

午調。朱桂楨漕運總督。

	道光十年庚寅
督任。	那彥成
	蔣攸銛六月辛卯假。陶澍兩江總
	楊遇春九月戊午,赴肅州辦後路
	琦善
	孫爾準
	嵩孚十一月壬午。盧坤湖廣總
	李鴻賓
	阮元
	朱桂楨八月壬午。調吳邦慶署漕
	張井
	嚴烺

	道光十一年辛
	那彥成二月乙
督。	陶澍
軍需。鄂山署陝甘總督。	楊遇春正月丁
	琦善二月乙未
	孫爾準
督。	盧坤
	李鴻賓
	阮元
運總督。	吳邦慶十二月
	張井
	嚴烺十月乙酉

道	卯
琦	未。革。琦善直隸總督。
陶	
楊	丑。回。
鄂	調。鄂山四川總督。那彥寶署。
孫	
盧	
李	
阮	
蘇	乙巳。調。蘇成額漕運總督。張井兼署。
張	
林	病。免。林則徐河東河道總督。

光十二年壬辰

善

澍

遇春

山

爾準二月乙未卒。程祖洛閩浙總督。

坤八月甲午調。訥爾經額湖廣總督。

鴻賓八月甲午革。盧坤兩廣總督。禧恩署。

元

成額

井九月丁未革。留。

則徐二月乙未調。吳邦慶河東河道總督。

道光十三年癸巳

琦善

陶澍

楊遇春

鄂山

程祖洛

訥爾經額

盧坤

阮元入覲。伊里布兼署雲貴總督。八月，

蘇成額四月戊申遷。貴慶漕運總督。九

張井三月戊戌病免。麟慶江南河道總

吳邦慶

阮元回任。

月壬辰遷。嵩溥漕運總督。恩銘署。

督。四月庚申丁憂。張井暫署。八月甲辰，

道光十四年	
琦善	
陶澍	
楊遇春	
鄂山	
程祖洛	
訥爾經額	
盧坤	
阮元	
嵩溥五月己	
麟慶	麟慶仍署江南河道總督。
吳邦慶	

甲午
巳遷。恩銘漕運總督。十一月壬申遷。朱為

	道光十五年乙未
	琦善
	陶澍
	楊遇春正月丙戌病免。瑚
	鄂山
	程祖洛
	訥爾經額
	盧坤七月庚辰卒。鄧廷楨
	阮元二月己亥入閣。伊里
弼漕運總督。	朱爲弼八月丁丑假。恩特
	麟慶
	吳邦慶五月戊寅來京。栗

松額陝甘總督。

兩廣總督。祁塤署。

布雲貴總督。

亨額漕運總督。

毓美河東河道總督。十月辛酉觀。鍾祥署。

道光十六年丙申

琦善

陶澍

瑚松額

鄂山

程祖洛七月癸未憂。鍾祥閩浙總督。魏

訥爾經額

鄧廷楨

伊里布

恩特亨額

麟慶

栗毓美

	道光十七年丁酉
	琦善三月丁亥憂。穆彰阿署。六
	陶澍
	瑚松額
	鄂山
元焜署。	鍾祥
	訥爾經額正月庚子降。林則徐
	鄧廷楨
	伊里布
	恩特亨額五月己卯遷。周天爵
	麟慶
	栗毓美

道光十八	
琦善	月乙未，琦善仍署直隸總督。
陶澍	
瑚松額	
鄂山閏四	
鍾祥	
林則徐九	湖廣總督。
鄧廷楨	
伊里布	
周天爵十	漕運總督。
麟慶	
栗毓美	

年戊戌

月甲申遷。寶興四川總督。七月戊申遷。蘇

月庚申召。伍長華兼署。十一月癸丑，林則

一月癸丑調。鐵麟署漕運總督。

廷玉署。十一月壬子降。寶興四川總督。

徐差。周天爵署湖廣總督。

道光十九年己亥	
琦善	
陶澍	三月乙巳病免。林則徐兩江總督。
瑚松額	
寶興	
鍾祥	六月丙寅革。周天爵閩浙總督。辛
林則徐	三月乙巳調。桂良湖廣總督。辛
鄧廷楨	十二月己卯調。林則徐兩廣總
伊里布	十二月己卯調。鄧廷楨雲貴總
周天爵	回。四月丁丑調。朱澍漕運總督。
麟慶	
栗毓美	

陳鑾署。十二月癸亥卒。林則徐調。麟慶

卯調。桂良閩浙總督。十二月甲申調。鄧

卯調。周天爵湖廣總督。

督。

督。甲申遷。桂良雲貴總督。吳文鎔兼署。

道光二十年	
琦善八月己	
伊里布七月	署。己卯，伊里布兩江總督。
瑚松額六月	
寶興	
鄧廷楨九月	廷楨閩浙總督。
周天爵十一月	
林則徐九月	
桂良	
朱澍	
麟慶	
栗毓美二月	

庚子

卯差。訥爾經額調署直隸總督。

丁酉差。裕謙署兩江總督。

戊子遷。訥爾經額陝甘總督。八月己卯調。

辛卯來京。顏伯燾閩浙總督。吳文鎔護。乙

月戊申革。裕泰湖廣總督。

庚寅來京。琦善署兩廣總督。怡良暫護。

甲申卒。文沖河東河道總督。

瑚松額署。十二月癸未召。恩特亨額署。
未,鄧廷楨革。

道光二十一年辛丑

訥爾經額

裕謙 正月癸丑差。程矞采護。九月丙辰,

恩特亨額 二月辛酉,授陝甘總督。

寶興

顏伯燾 十二月戊子革。楊國楨閩浙總

裕泰

琦善 二月辛酉革。祁𡎴兩廣總督。

桂良

朱澍

麟慶

文沖 八月庚寅,革。朱襄河東河道總督。

牛鑑署。己未，裕謙殉難。牛鑑兩江總督。

督。

王鼎署。

道光	二十二年壬寅
訥爾經額	
牛鑑	九月己未革逮。耆英兩江總督。
恩特亨額	三月丙子卒。富呢揚阿陝甘
寶興	
楊國楨	正月丙辰病免。怡良閩浙總督。
裕泰	
祁𡎴	
桂良	
朱澍	九月戊午回籍。周天爵署。十一月
麟慶	八月戊子革。潘錫恩江南河道總
慧成	九月辛酉,署河東河道總督。

督。總

李京。來巳辛月二十署。荃鴻廖憂。辰丙
督。

	道光二十三年癸卯
	訥爾經額
	耆英三月庚戌差。璧
	富呢揚阿
	寶興
	怡良五月戊辰病免。
	裕泰
	祁墳
	桂良
湘棻署漕運總督。	李湘棻
	潘錫恩
	慧成七月戊申革。鍾

昌署。孫寶善護。九月己酉，者英仍回任。

劉韻珂閩浙總督。

祥河東河道總督。

道光二十四年甲辰
訥爾經額
耆英二月戊戌遷。璧昌兩江總督。孫寶
富呢揚阿
寶興
劉韻珂
裕泰
祁𡎴二月戊戌病免。耆英兩廣總督。
桂良十一月己巳覲。吳其濬兼雲貴總督。
李湘棻三月丙申丁憂。惠吉漕運總督。
潘錫恩
鍾祥

道光二十五年乙巳	
訥爾經額	
璧昌	善護。
富呢揚阿四月壬子卒。惠吉任。鄧	
寶興	
劉韻珂	
裕泰	
耆英	
桂良四月癸卯免。賀長齡雲貴總	督。
惠吉正月庚午遷。程矞采漕運總	
潘錫恩	
鍾祥	

廷楨署。十一月辛酉，惠吉卒。布彥泰陝

督。壬子覲。鄭祖琛兼署。

督。

道光二十六年丙午	
訥爾經額	
璧昌	
布彥泰	甘總督。林則徐署。
寶興十二月庚午來	
劉韻珂	
裕泰	
耆英	
賀長齡八月乙亥降。	
程矞采十二月戊申	
潘錫恩	
鍾祥	

道光二十	
訥爾經額	
璧昌正月	
布彥泰八	
琦善	京。琦善四川總督。
劉韻珂	
裕泰	
耆英十二	
李星沅三	李星沅雲貴總督。陸建瀛署。
楊殿邦	調。楊殿邦署漕運總督。
潘錫恩	
鍾祥	

七年丁未

乙酉覲。陸建瀛署。三月丁未，璧昌遷。李星

月甲子，赴肅州督剿。楊以增署。九月辛巳，

月甲戌，來京。徐廣縉署兩廣總督。

月乙未調。林則徐雲貴總督。程矞采署。

	道光二十八年戊
	訥爾經額
沅兩江總督。	李星沅
布彥泰回陝甘總督。	布彥泰
	琦善
	劉韻珂
	裕泰
	耆英六月丙午留
	林則徐
	楊殿邦
	潘錫恩九月甲戊
	鍾祥

申

京。徐廣縉授兩廣總督。

病免。楊以增江南河道總督。李星沅署。

道光二十九年己酉

訥爾經額

李星沅四月壬寅病免。陸建瀛兩江總

布彥泰九月甲辰病免。琦善陝甘總

琦善九月甲辰調。裕誠署。己酉,徐澤醇

劉韻珂

裕泰

徐廣縉

林則徐七月己未病免。程矞采雲貴總

楊殿邦

楊以增

鍾祥閏四月辛未卒。顏以燠東河河道

	道光三十年庚戌
	訥爾經額
督。	陸建瀛
督。九月己酉實授。	琦善
四川總督。	徐澤醇
	劉韻珂 十一月丙午病
	裕泰 十一月丙午調。程
	徐廣縉
督。	程矞采 十一月丙午調。
	楊殿邦
	楊以增
總督。徐澤醇署。	顏以燠

卸。裕泰閩浙總督。徐繼畬署。

矞采湖廣總督。龔裕署。

吳文鎔雲貴總督。十二月壬申，張亮基署。